Impressum
Verlag: BABADADA GmbH, Nedderfeld 112 , 22529 Hamburg
Geschäftsführer / Verlagsleitung: Harald Hof
Druck: Books on Demand GmbH, In de Tarpen 42, 22848 Norderstedt

Imprint
Publisher: BABADADA GmbH, Nedderfeld 112 , 22529 Hamburg, Germany
Managing Director / Publishing direction: Harald Hof
Print: Books on Demand GmbH, In de Tarpen 42, 22848 Norderstedt

koulu
мактаб

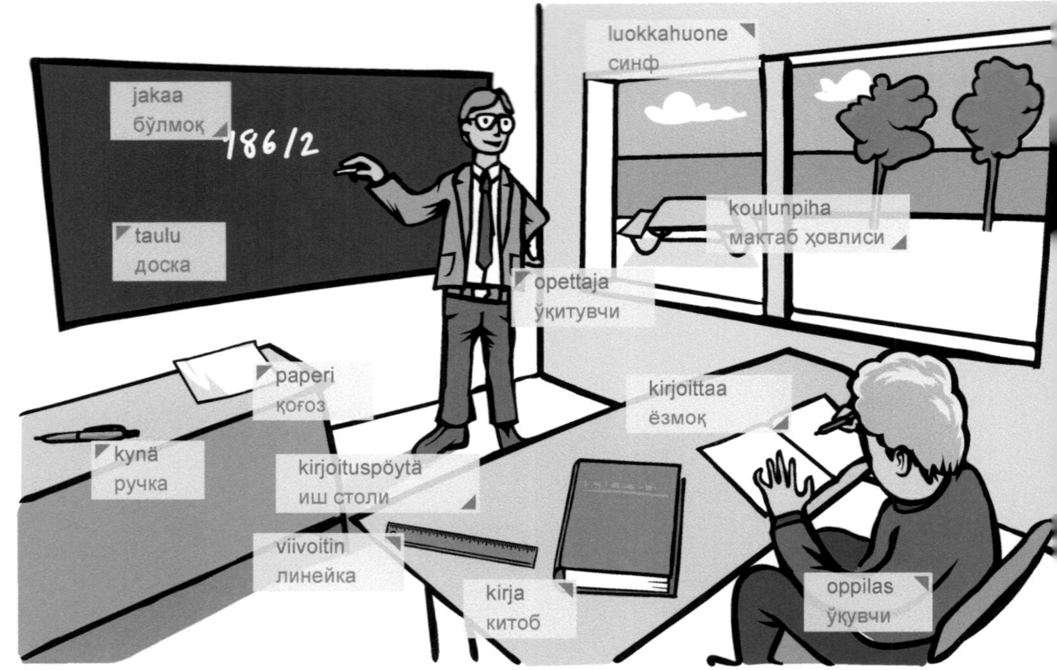
luokkahuone
синф
jakaa
бўлмоқ
186/2
taulu
доска
koulunpiha
мактаб ҳовлиси
opettaja
ўқитувчи
paperi
қоғоз
kirjoittaa
ёзмоқ
kynä
ручка
kirjoituspöytä
иш столи
viivoitin
линейка
kirja
китоб
oppilas
ўқувчи

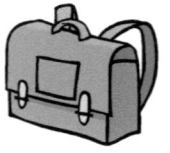

reppu

осма сумка

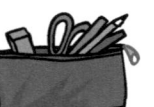

penaali

қаламдон

lyijykynä

қалам

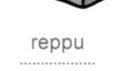

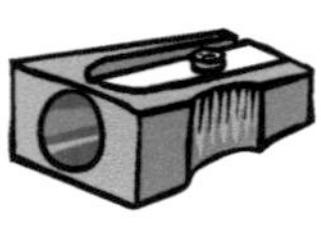

kynänteroitin

қалам учлагич

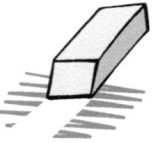

pyyhekumi

ўчиргич

piirustuslehtiö

расм албоми

piirustus

чизмачилик

pensseli

бўёқ чўтка

vesivärit

бўёқдон

sakset

қайчи

liima

елим

harjoituskirja

машғулот дафтари

kotitehtävä

уй иши

luku

рақам

lisätä

қўшмоқ

vähentää

айирмоқ

kertoa

кўпайтирмоқ

laskea

ҳисобламоқ

kirjain

хат

aakkoset

алифбо

sana

сўз

teksti

матн

lukea

ўқимоқ

liitu

бўр

oppitunti

дарс

opettajan muistikirja

журнал

koe

имтиҳон

todistus

гувоҳнома

koulupuku

мактаб формаси

koulutus

таълим

sanakirja

қомус

yliopisto

олийгоҳ

mikroskooppi

микроскоп

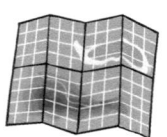

kartta

харита

roskakori

урна

hotelli
меҳмонхона

Grand

retkeilymaja
сайёҳлар ётоқхонаси

rahanvaihto
пул айирбошлаш шаҳобчаси

EXCHANGE

matkalaukku
чемодан

auto
машина

kieli
тил

kyllä / ei
ҳа / йўқ

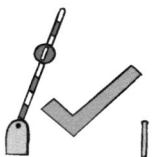

selvä
Хўп

hei
салом

tulkki
таржимон

kiitos
Раҳмат

Paljonko...maksaa?

неча пул...?

en ymmärrä

Тушунмадим

ongelma

муаммо

Hyvää iltaa!

Хайрли кеч!

Hyvää huomenta!

Хайрли тонг!

Hyvää yötä!

Хайрли тун!

näkemiin

кўришгунча

suunta

йўналиш

matkatavarat

йўловчи юки

laukku

сафархалта

reppu

юк халта

vieras

меҳмон

huone

хона

makuupussi

уйқуқоп

teltta

чодир

turisti-info

саёҳларга маълумот бериш столи

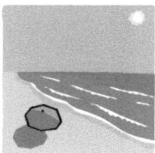

ranta

пляж

luottokortti

омонат карта

aamupala

нонушта

lounas

нонушта

päivällinen

кечки овқат

matkalippu

чипта

hissi

лифт

postimerkki

марка

raja

чегара

tulli

божхона

suurlähetystö

элчихона

viisumi

виза

passi

паспорт

kuljetus

транспорт

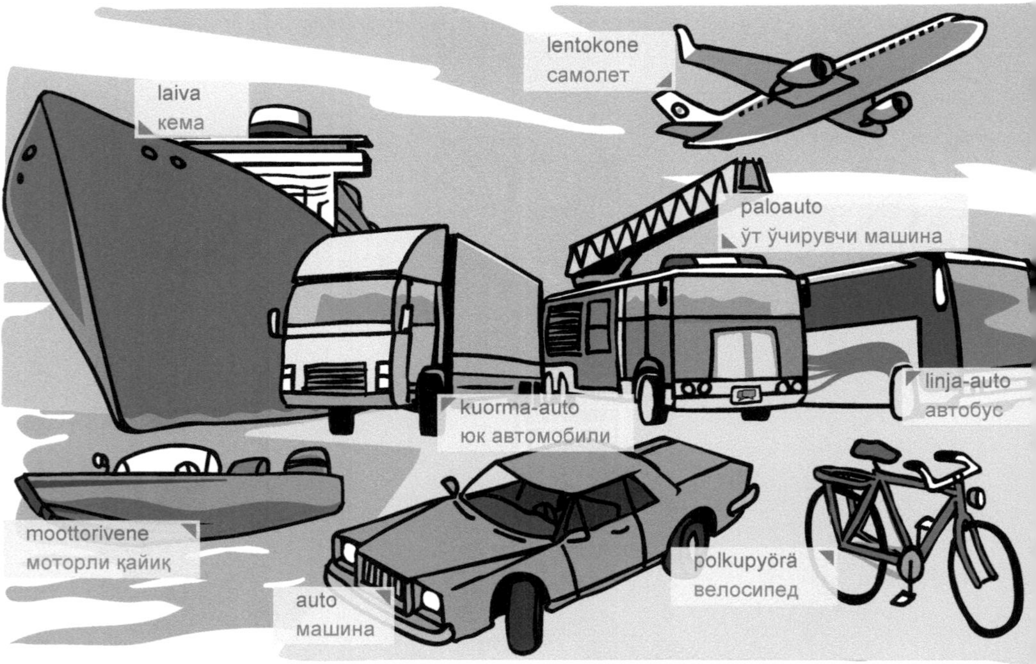

lentokone
самолет
laiva
кема
paloauto
ўт ўчирувчи машина
linja-auto
автобус
kuorma-auto
юк автомобили
moottorivene
моторли қайиқ
polkupyörä
велосипед
auto
машина

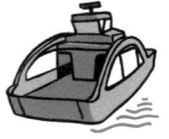

lautta

солсимон ясси кема

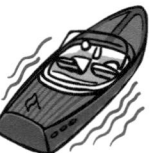

vene

қайиқ

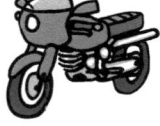

moottoripyörä

мотоцикл

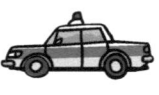

poliisiauto

посбон машинаси

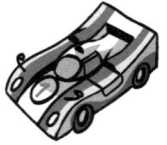

kilpa-auto

пойга машинаси

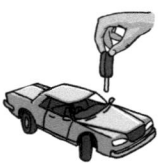

vuokra-auto

ижарага олинган автоулов

car sharing

автоижара

hinausauto

шатакка олувчи юк
автомобили

roska-auto

ахлат машинаси

moottori

мотор

polttoaine

ёқилғи

huoltoasema

ёқилғи қуйиш шаҳобчаси

liikennemerkki

йўл белгиси

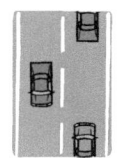

liikenne

йўл ҳаракати

ruuhka

тирбанд

parkkipaikka

втомобил тўхтаб туриш
жойи

rautatieasema

поезд бекати

raiteet

рельс

juna

поезд

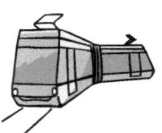

raitiovaunu

трамвай

vaunu

вагон

helikopteri

вертолёт

lentokenttä

аэропорт

lähilennonjohto

минора

matkustaja

йўловчи

kontti

контейнер

pahvilaatikko

қоғоз қути

kärryt

аравача

kori

сават

nousta / laskea

учмоқ / қўнмоқ

kaupunki

шаҳар

kylä

қишлоқ

keskusta

шаҳар маркази

talo

уй

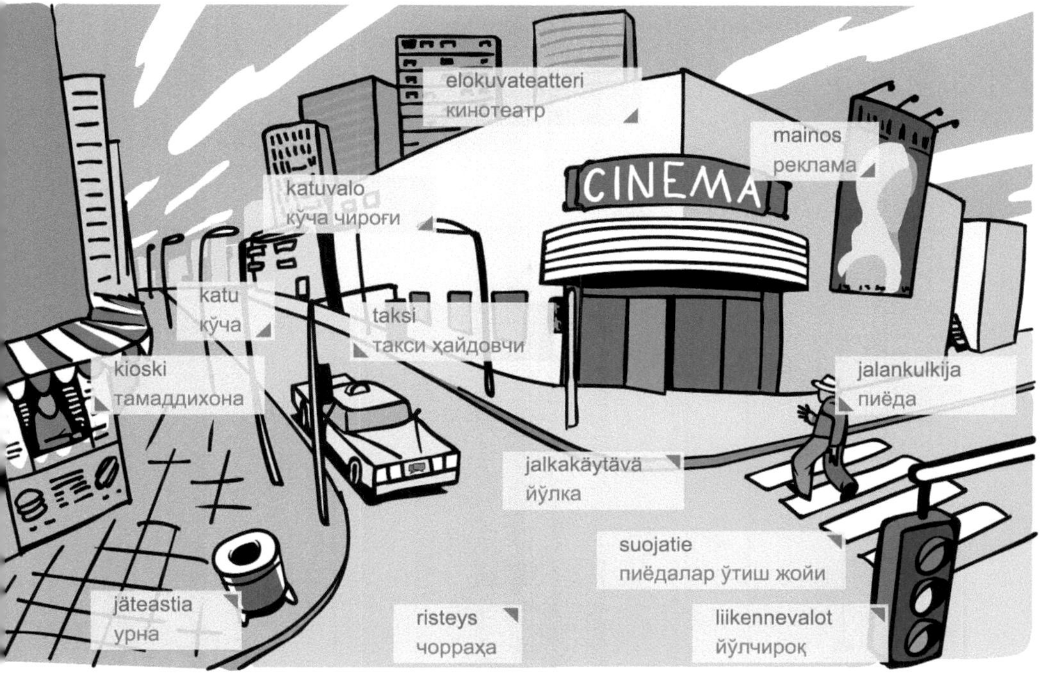
elokuvateatteri
кинотеатр
CINEMA
mainos
реклама
katuvalo
кўча чироғи
katu
кўча
taksi
такси ҳайдовчи
kioski
тамаддихона
jalankulkija
пиёда
jalkakäytävä
йўлка
suojatie
пиёдалар ўтиш жойи
jäteastia
урна
risteys
чорраҳа
liikennevalot
йўлчироқ

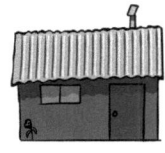

mökki

кулба

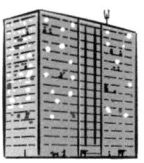

kerrostalo

квартира

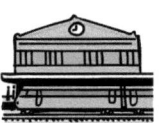

rautatieasema

поезд бекати

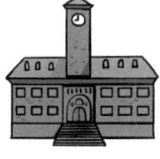

kaupungintalo

маҳаллий ҳокимият биноси

MUSEUM

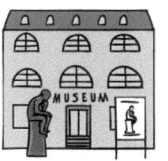

museo

музей

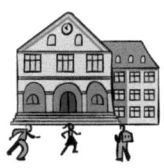

koulu

мактаб

yliopisto

олийгоҳ

pankki

банк

sairaala

шифохона

hotelli

меҳмонхона

apteekki

дорихона

toimisto

идора

kirjakauppa

китоб дўкони

liike

дўкон

kukkakauppa

гул дўкони

supermarketti

супермаркет

tori

бозор

tavaratalo

универмаг

kalakauppias

балиқ дўкони

ostoskeskus

савдо маркази

satama

бандаргоҳ

puisto

истироҳат боғи

penkki

банк

silta

кўприк

portaat

зинапоя

metro

метро

tunneli

ер ости йўли

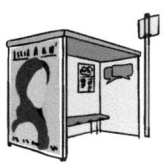

linja-autopysäkki

автобус бекати

baari

бар

ravintola

ресторан

postilaatikko

почта қутиси

katukyltti

кўча ёзув осма тахтаси

parkkimittari

тўхтаб туриш вақтини ҳисоблагич

eläintarha

ҳайвонот боғи

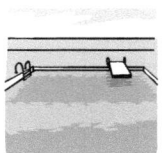

uimala

бассейн

moskeija

масжид

maatila

чорвачилик хўжалиги

ympäristön saastuminen

атроф-муҳит
ифлосланиши

hautausmaa

қабристон

kirkko

ибодатхона

leikkikenttä

болалар ўйингоҳи

temppeli

эҳром

maisema

манзара

lehti
япроқ

tienviitta
йўлкўрсатгич

tie
йўл

niitty
ўтлоқ

kivi
тош

retkeilijä
пиёда сайёҳ

puu
дарахт

joki
дарё

ruoho
майса

kukka
гул

laakso

водий

vuori

қир

järvi

кӯл

metsä

ӯрмон

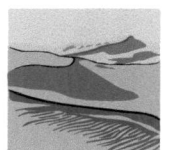

aavikko

чӯл

tulivuori

вулкан

linna

қалъа

sateenkaari

камалак

sieni

қӯзиқорин

palmu

пальма дарахти

hyttynen

пашша

kärpänen

чивин

muurahainen

чумоли

mehiläinen

асалари

hämähäkki

ӯргимчак

kovakuoriainen

қўнғиз

sammakko

қурбақа

orava

олмахон

siili

типратикон

jänis

қуён

pöllö

укки

lintu

қуш

joutsen

оққуш

villisika

эркак чўчқа

peura

буғу

hirvi

бутоқ шоҳли кийик

pato

тўғон

tuulimylly

шамол генератори

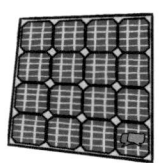

aurinkopaneeli

қуёш батареяси

ilmasto

иқлим

ravintola

ресторан

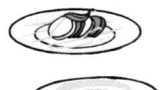

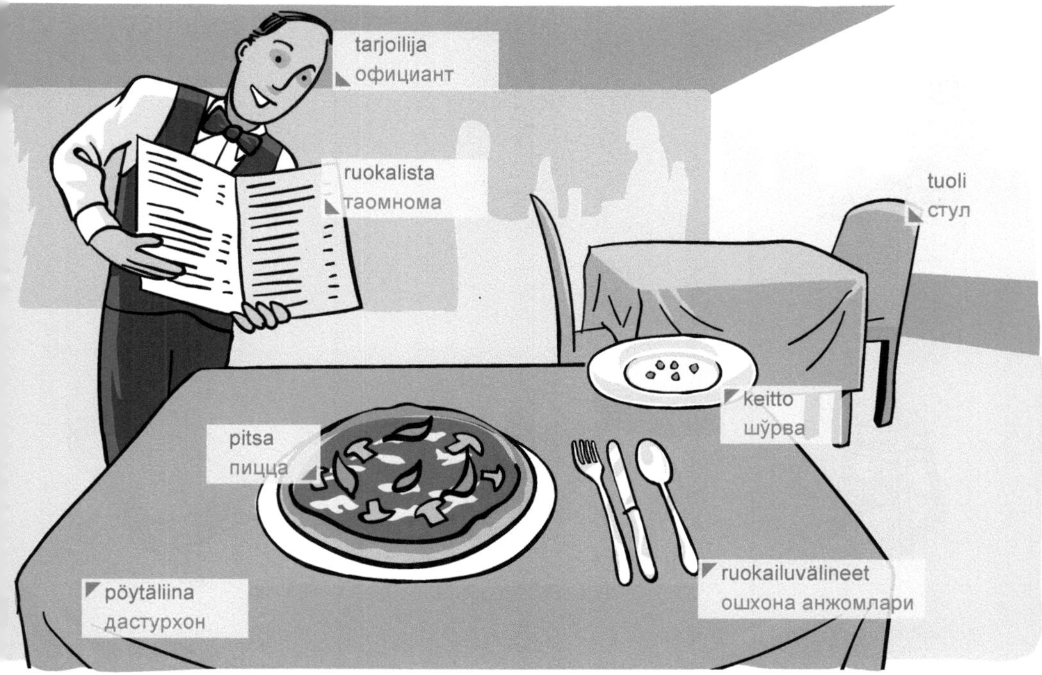
tarjoilija
официант
ruokalista
таомнома
tuoli
стул
keitto
шўрва
pitsa
пицца
ruokailuvälineet
ошхона анжомлари
pöytäliina
дастурхон

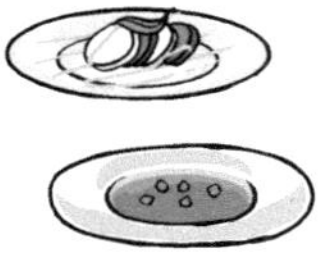

alkuruoka

газак

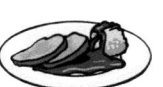

pääruoka

асосий таом

jälkiruoka

десерт

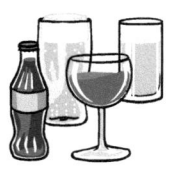

juomat

ичимликлар

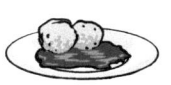

ruoka

таом

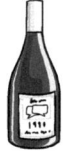

pullo

бутилка

pikaruoka

тез пишар таом

katuruoka

кўча таоми

teekannu

чойнак

sokeriastia

шакардон

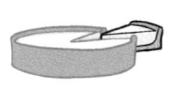

annos

порция

espressokeitin

эспрессо кофе машинаси

syöttötuoli

болалар курсичаси

lasku

ҳисоб

tarjotin

лаган

veitsi

пичоқ

haarukka

санчқи

lusikka

қошиқ

teelusikka

чой қошиқ

servietti

қўл сочиқ

lasi

стакан

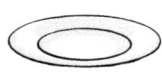

lautanen

ликоп

syvä lautanen

шӳрва коса

aluslautanen

тақсимча

kastike

қайла

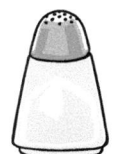

suolasirotin

туздон

pippurimylly

қалампир янчгич

etikka

сирка

öljy

ёғ

mausteet

зираворлар

ketsuppi

кетчуп

sinappi

хантал

majoneesi

майонез

supermarketti

супермаркет

tarjous
чегирма
FOR
asiakas
мижоз
maitotuotteet
сут маҳсулотлари
hedelmät
мева
ostoskärryt
харид араваси

BUTCHERS

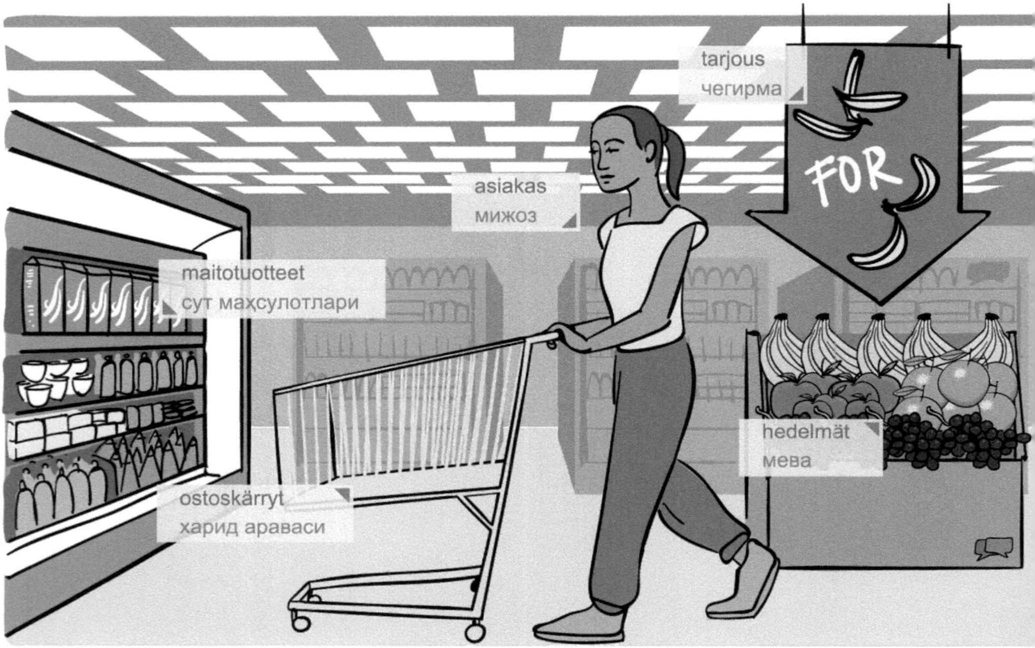

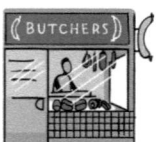

teurastamo

қассобхона

BAKERY

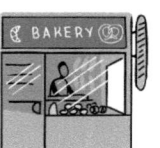

leipomo

нонвойхона

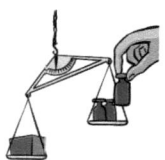

punnita

тарозида ўлчамоқ

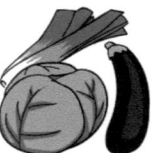

kasvikset

сабзавот

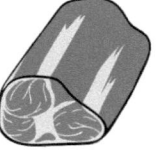

liha

гўшт

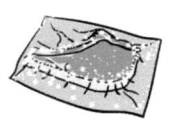

pakasteet

музлатилган таомлар

leikkele

яхна гўшт

säilykkeet

консерва

pesujauhe

кир ювиш воситаси

makeiset

ширинликлар

kotitaloustarvikkeet

кундалик истеъмол
моллар

puhdistusaineet

ювиш воситалари

myyjä

сотувчи

kassa

касса аппарати

kassanhoitaja

ғазначи

ostoslista

харид рўйхати

aukioloajat

иш вақти

lompakko

ҳамён

luottokortti

омонат карта

kassi

халта

muovipussi

целлофан халта

vesi

сув

mehu

шарбат

maito

сут

kokis

кока-кола

viini

вино

olut

пиво

alkoholi

спиртли ичимлик

kaakao

какао

tee

чой

kahvi

кофе

espresso

эспрессо

cappuccino

капучино

banaani

банан

omena

олмахон

appelsiini

апельсин

meloni

қовун

sitruuna

лимон

porkkana

сабзи

valkosipuli

саримсоқ

bambu

бамбук

sipuli

пиёз

sieni

қўзиқорин

pähkinät

ёнғоқ

spagetti

лағмон

spagetti

спагетти

riisi

гуруч

salaatti

салат

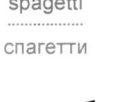

ranskalaiset

картошка-фри

paistetut perunat

қовурилган картошка

pitsa

пицца

hampurilainen

гамбургер

voileipä

сэндвич

leike

тўқмоқланган тўш қиймаси

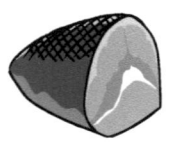

kinkku

дудланган чўчқа гўшти

salami

салями колбасаси

makkara

сосиска

kana

товуқ гўшти

paisti

қовурилган

kala

балиқ

kaurahiutaleet

сули бўтқаси

mysli

мюсли

murot

маккажўхори ёрмаси

jauho

ун

voisarvi

француз булочкаси

sämpylä

булочка

leipä

нон

paahtoleipä

қизартирилган нон бўлаги

keksit

пиширик

voi

сариёғ

rahka

творог

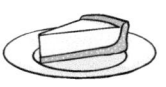

kakku

пирог

kananmuna

тухум

paistettu kananmuna

қовурилган тухум

juusto

пишлоқ

ruoka - таом

jäätelö

музқаймоқ

sokeri

шакар

hunaja

асал

hillo

мураббо

suklaapähkinälevite

шоколад пастаси

curry

зарчава

maatila

чорвачилик хўжалиги

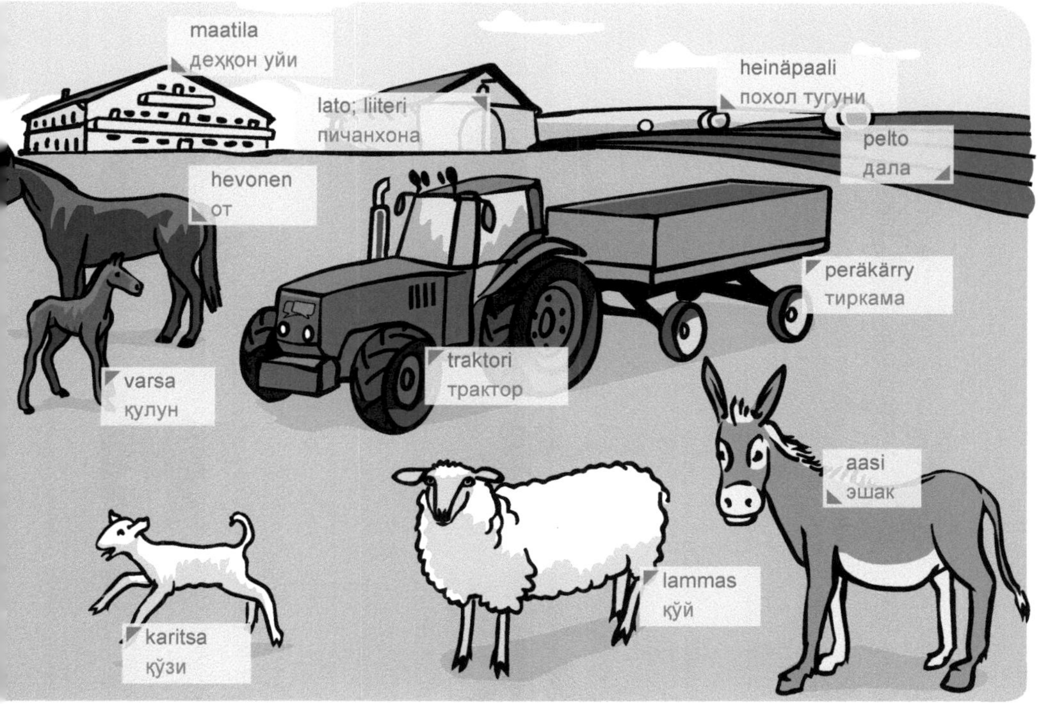
maatila
деҳқон уйи
lato; liiteri
пичанхона
heinäpaali
похол тугуни
pelto
дала
hevonen
от
peräkärry
тиркама
traktori
трактор
varsa
қулун
aasi
эшак
lammas
қўй
karitsa
қўзи

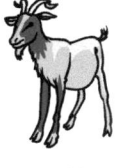

vuohi

эчки

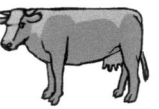

lehmä

сигир

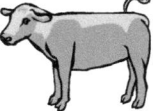

vasikka

бузоқ

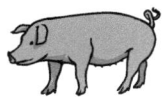

sika

чўчқа

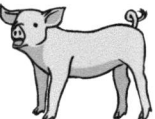

porsas

чўчқа боласи

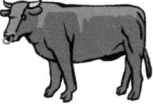

sonni

буқа

hanhi

ғоз

ankka

ўрдак

tipu

жўжа

kana

товуқ

kukko

хўроз

rotta

каламуш

kissa

мушук

hiiri

сичқон

härkä

хўкиз

koira

ит

koirankoppi

каталак

puutarhaletku

ҳовли боғ шланги

kastelukannu

гулчелак

viikate

белўроқ

aura

темир омоч

sirppi

қўлўроқ

kuokka

чопқи

talikko

паншаха

kirves

болта

kottikärryt

ғалтакарава

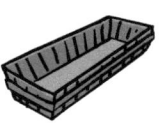

kaukalo

охур

maitokannu

сут бидони

säkki

тўрва

aita

панжара

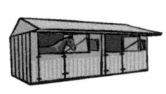

talli

оғилхона

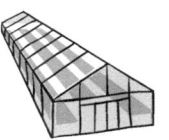

kasvihuone

иссиқхона

maa

тупроқ

siemen

уруғ

lannoite

ўғит

leikkuupuimuri

комбайн

kerätä sato

ҳосил олмоқ

sato

йиғим-терим

jamssit

ямс

vehnä

буғдой

soija

соя

peruna

картошка

maissi

маккажўхори

rypsi

рапс уруғи

hedelmäpuu

мевали дарахт

maniokki

маниок

vilja

ёрма

savupiippu
мӯри

katto
том

sadevesikouru
тарнов

ikkuna
дераза

autotalli
гараж

ovikello
эшик қӯнғироғи

ovi
эшик

roska-astia
урна

postilaatikko
хатлар учун қути

puutarha
боғ

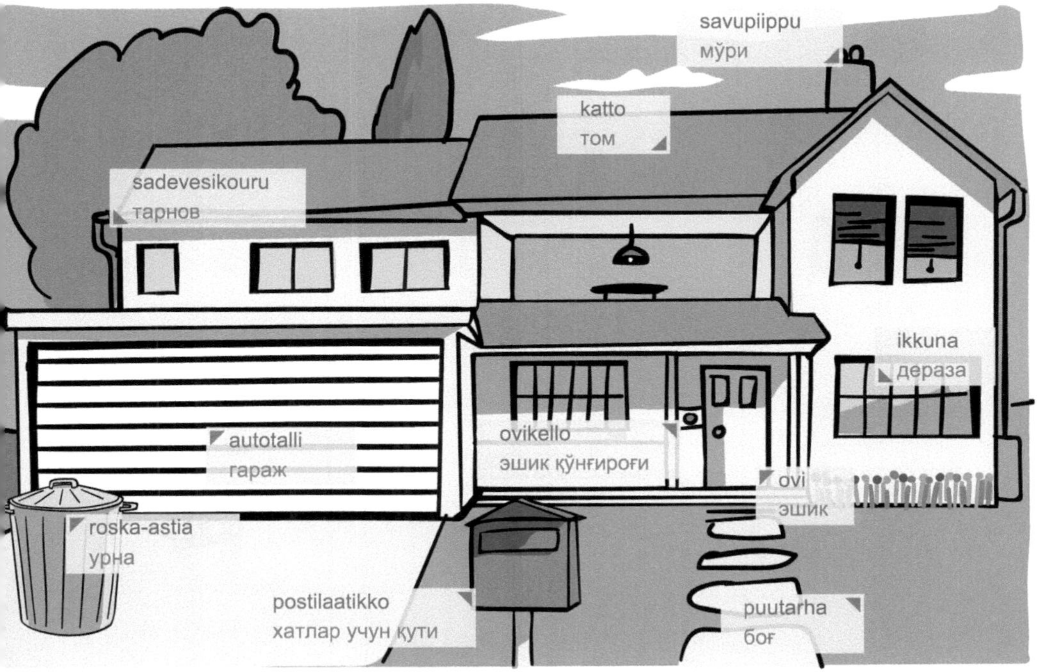

olohuone

меҳмонхона

kylpyhuone

ваннахона

keittiö

ошхона

makuuhuone

ётоқхона

lastenhuone

болалар хонаси

ruokahuone

ошхона

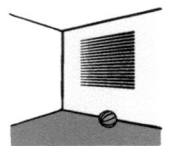

lattia

пол

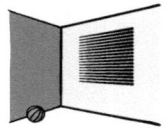

seinä

девор

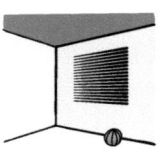

katto

шип

kellari

подвал

sauna

сауна

parveke

болохона айвони

terassi

айвон

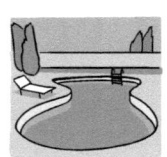

uima-allas

бассейн

ruohonleikkuri

ўт ўргич машина

lakana

кўрпажилд

päiväpeitto

чойшаб

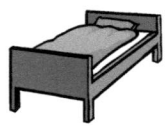

sänky

кроват

harja

супурги

ämpäri

пақир

katkaisin

мурват

olohuone

меҳмонхона

tapetti
гулқоғоз
kuva
сурат
lamppu
чироқ
hylly
токча
kaappi
жавон
televisio
телевизор
takka
ўчоқ
kukka
гул
tyyny
ёстиқ
sohva
диван
maljakko
гулдон
kaukosäädin
масофадан бошқариш пульти

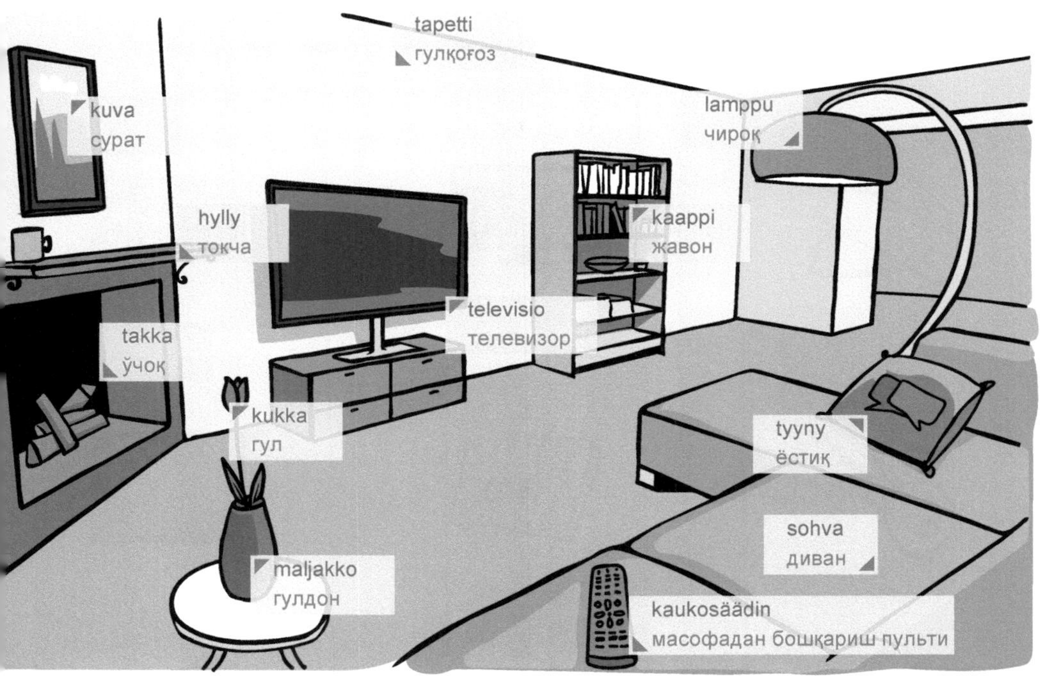

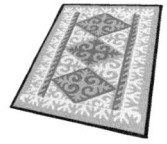

matto

гилам

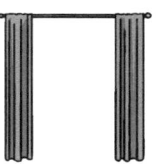

verho

парда

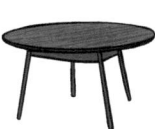

pöytä

стол

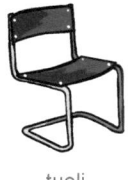

tuoli

стул

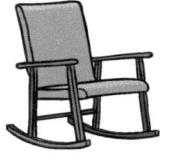

keinutuoli

тебранма курси

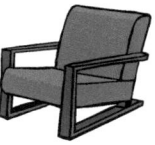

nojatuoli

кресло

kirja

китоб

peitto

кўрпа

koriste

ҳашам

polttopuut

ўтин

elokuva

кино

stereot

стерео қурилма

avain

калит

sanomalehti

рўзнома

maalaus

расм

juliste

плакат

radio

радио

muistivihko

ён дафтар

pölynimuri

чанг ютгич

kaktus

кактус

kynttilä

шам

keittiö
ошхона

jääkaappi
совутгич
mikroaaltouuni
микротўлқинли печ
keittiövaaka
ошхона тарозиси
leivänpaahdin
тостер
pesuaine
ювиш воситалари
leivinuuni
духовка
pakastinlokero
музхона
roska-astia
урна
astianpesukone
идиш ювадиган машина

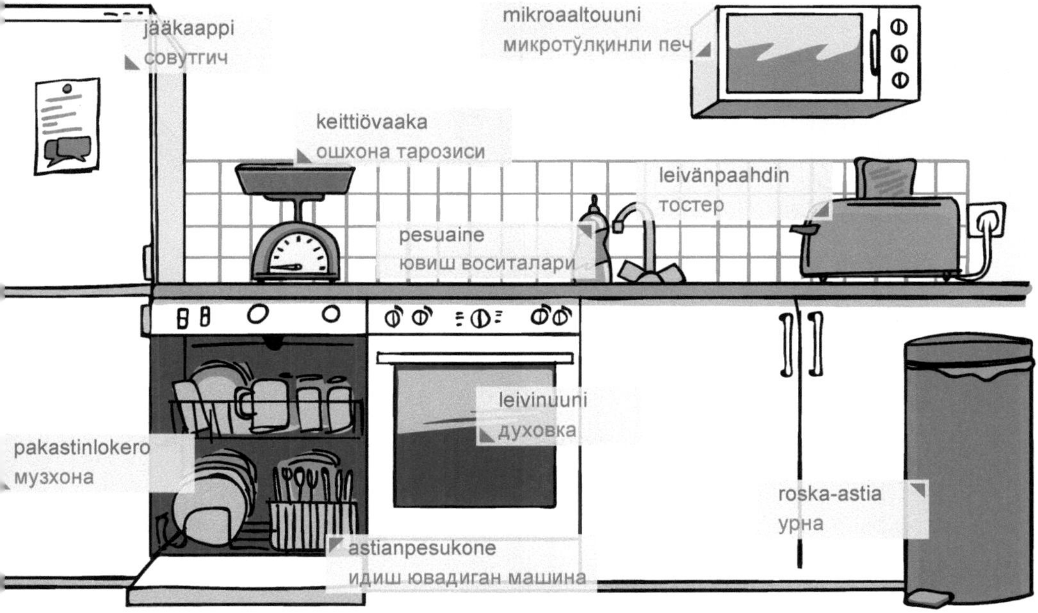

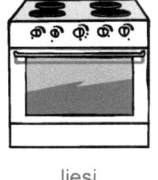

liesi

плита

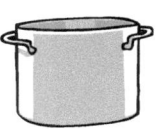

kattila

кастрюль

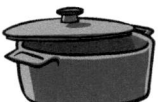

rautapata

чўян қозон

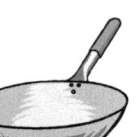

okkipannu / kadai-pannu

бўртма тубли това

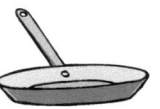

paistinpannu

това

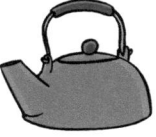

teepannu

човгун

höyrykeitin

мантиқасқон

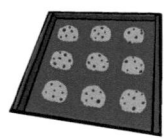

uunipelti

тунука това

astiat

идиш

muki

кружка

kulho

коса

syömäpuikot

таом ейиш таёқчалари

kauha

чўмич

paistinlasta

куракча

vispilä

кўпиртиргич

siivilä

элак

siivilä

элак

raastin

қирғич

mortteli

ҳовонча

grilli

гриль

avotuli

олов

leikkuulauta

оштахта

kaulin

жува

korkinavaaja

пармасимон тиқин очгич

purkki

консерва

purkinavaaja

консерва очгич

pannulappu

тутгич

lavuaari

унитаз

tiskiharja

идиш чўтка

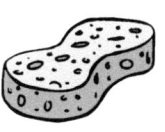

pesusieni

қозонсочиқ

tehosekoitin

қориштиргич

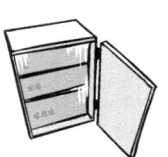

pakastin

музлатгич

tuttipullo

сўрғичли чақалоқ
бутилкаси

vesihana

кран

kylpyhuone

ваннахона

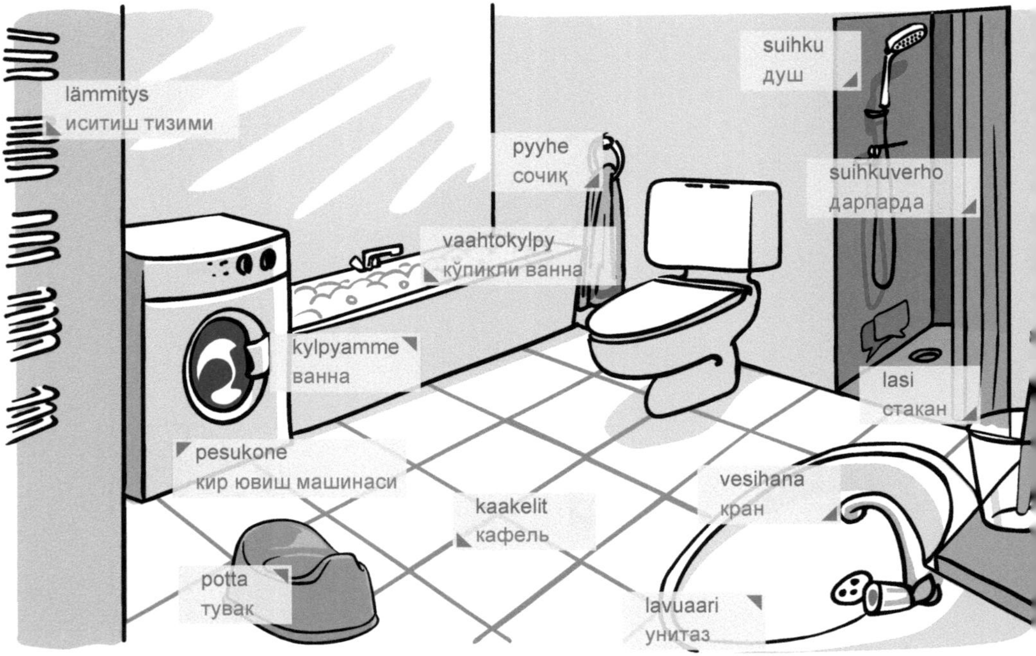

lämmitys
иситиш тизими
suihku
душ
pyyhe
сочиқ
suihkuverho
дарпарда
vaahtokylpy
кўпикли ванна
kylpyamme
ванна
lasi
стакан
pesukone
кир ювиш машинаси
vesihana
кран
kaakelit
кафель
potta
тувак
lavuaari
унитаз

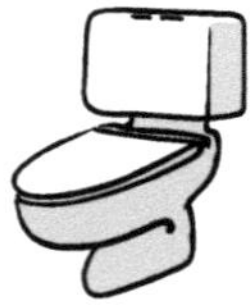

vessa

хожатхона

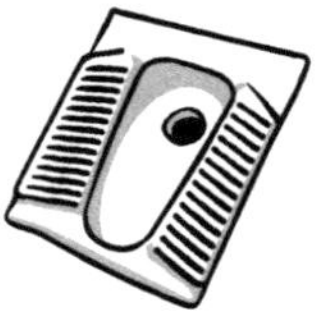

kyykkyvessa

полга ўрнатиладиган унитаз

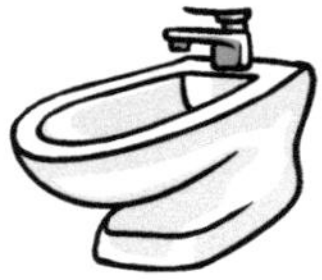

bidee

таҳоратдон

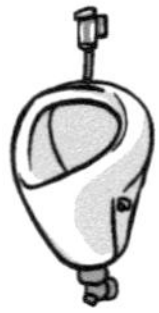

pisuaari

сийдик унитази

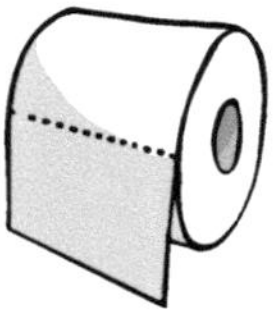

vessapaperi

ҳожатхона қоғози

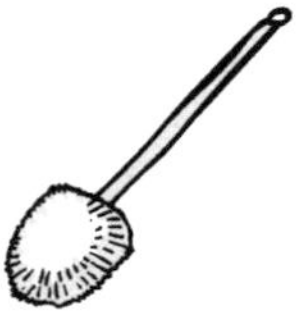

vessaharja

ҳожатхона чўткаси

hammasharja

тиш чўтка

hammastahna

тиш пастаси

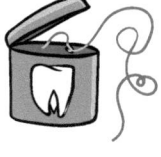

hammaslanka

тиш тозалагич ип

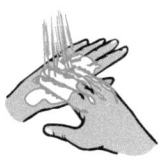

pestä

ювмоқ

käsisuihku

дастакли душ

intiimisuihku

таҳорат учун душ

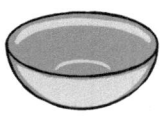

pesuvati

тоғора

selkäharja

елка қашлайдиган чўтка

saippua

совун

suihkugeeli

душ учун гель

shampoo

шампунь

pesulappu

мочалка

viemäri

қувур

voide

крем

deodorantti

дезодарант

peili

кўзгу

käsipeili

қўл кўзгуси

partaveitsi

устара

partavaahto

устара учун кўпик

partavesi

салқинлантирувчи
бальзам

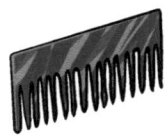

kampa

тароқ

harja

чўтка

hiustenkuivaaja

фен

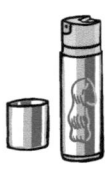

hiuslakka

соч учун лак

meikki

пардоз-андоз

huulipuna

лаб учун помада

kynsilakka

тирноқ лаки

pumpuli

пахта

kynsisakset

тирноқ қайчиси

hajuvesi

духи

kosmetiikkalaukku

пардоз-андоз халтаси

jakkara

курси

vaaka

тарози

kylpytakki

чўмилиш халати

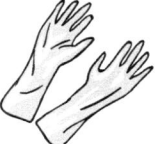

kumihansikkaat

резина қўлқоп

tamponi

тампон

terveysside

гигиеник таглик

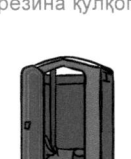

kemiallinen wc

биоҳожатхона

lastenhuone
болалар хонаси

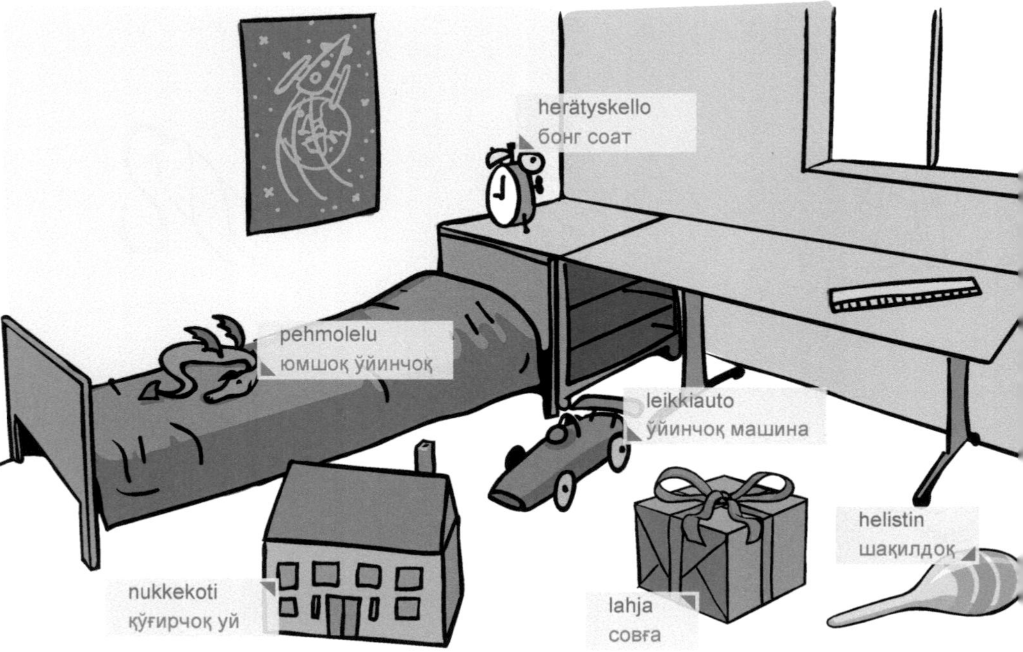

herätyskello
бонг соат
pehmolelu
юмшоқ ўйинчоқ
leikkiauto
ўйинчоқ машина
helistin
шақилдоқ
nukkekoti
қўғирчоқ уй
lahja
совға

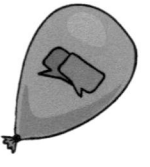

ilmapallo

шар

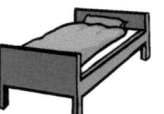

sänky

кроват

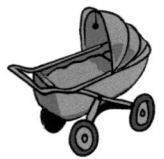

lastenvaunut

болалар аравачаси

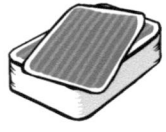

korttipeli

карта тўплами

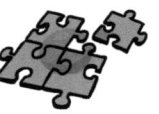

palapeli

терма тасвир

SUPER
MEGA

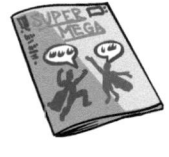

sarjakuva

кулгили саҳна асари

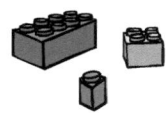

legopalikat

лего ғиштлари

rakennuspalikat

ўйинчоқ кубиклар

supersankari

ўйинчоқ қаҳрамон

potkupuku

ползунка

frisbee

учар ликопча

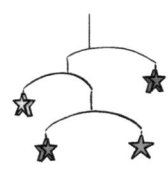

mobile

осма шақилдоқ

lautapeli

стол ўйини

noppa

ошиқ

pienoisjunarata

поезд макети

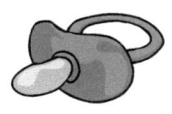

tutti

сўрғич

juhlat

ўтириш

kuvakirja

расмли китоб

pallo

копток

nukke

қўғирчоқ

leikkiä

ўйнамоқ

hiekkalaatikko

қумдон

keinu

арғимчоқ

lelut

ўйинчоқлар

pelikonsoli

ўйин приставкаси

kolmipyörä

уч ғилдиракли велосипед

nalle

бахмал айиқ

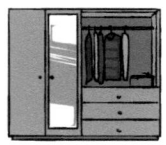

vaatekaappi

кийим шкафи

vaatteet

кийим

sukat

пайпоқ

nylonsukat

чулки

sukkahousut

колготка

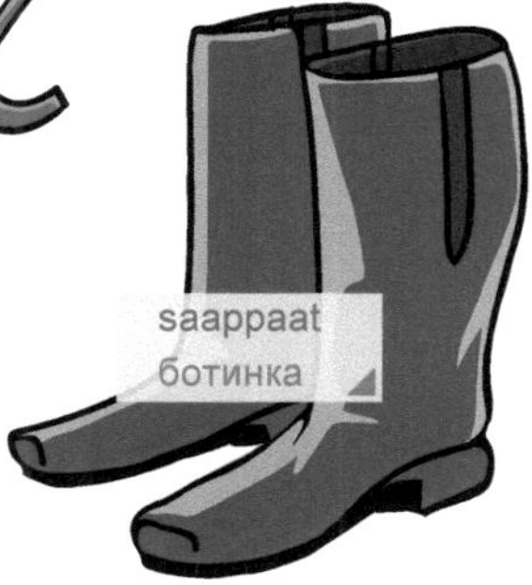

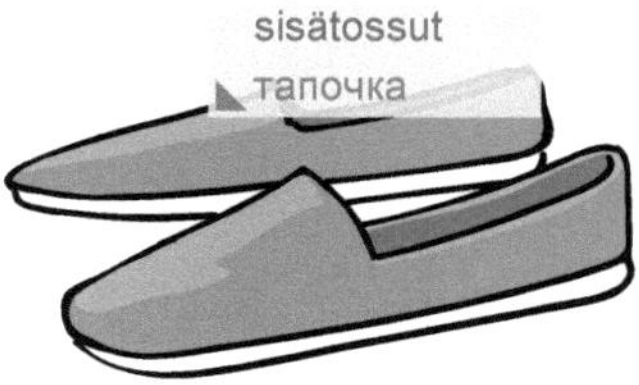

kaulaliina
шарф

sateenvarjo
соябон

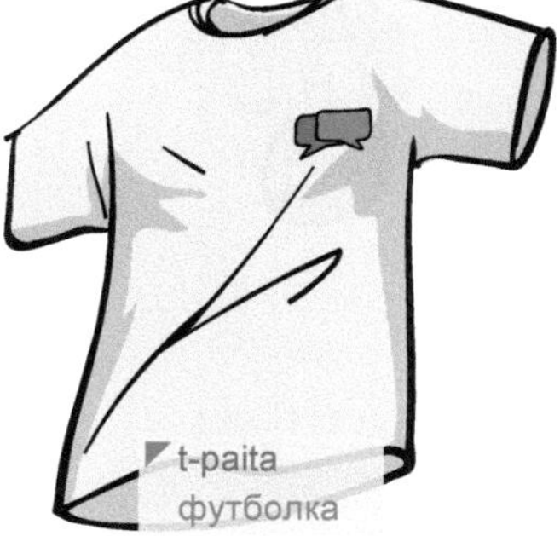

t-paita
футболка

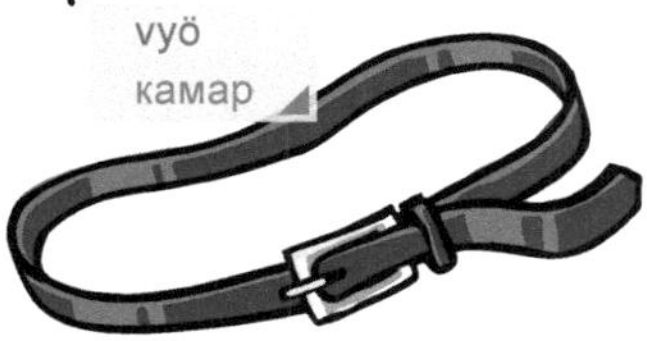

vyö
камар

saappaat
ботинка

sisätossut
тапочка

lenkkarit
кроссовка

sandaalit
....
шиппак

kengät
....
туфли

kumisaappaat
....
резина этик

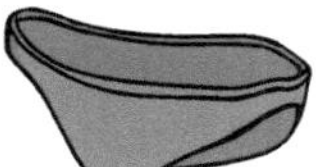

alushousut
....
тор турсик

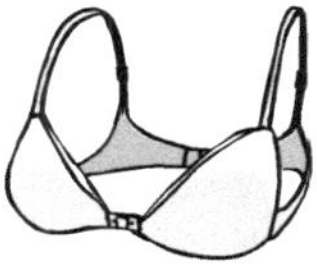

rintaliivit
....
кўкракпеч

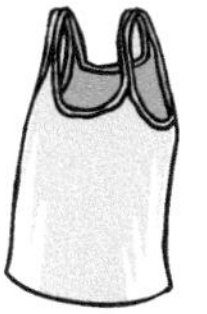

aluspaita
....
майка

body

боди

housut

иштон

farkut

жинси

hame

юбка

pusero

кофта

paita

кўйлак

villapaita

жемпер

collegepaita

узун чакмон

jakku

спорт бичимидаги пиджак

takki

куртка

takki

пальто

sadetakki

плаш

puku

либос

mekko

кўйлак

hääpuku

келин кўйлак

puku

костюм шим

yöpaita

тунги кўйлак

pyjama

пижама

shari

сари

päähuivi

шолрўмол

turbaani

салла

burka

паранжи

kaftaani

чакмон

abaya

абая

uimapuku

чўмилиш костюми

uimahousut

турсик

shortsit

шортик

verkkarit

спорт костюми

esiliina

фартук

käsineet

қўлқоп

nappi

тугма

silmälasit

кўзойнак

rannekoru

билагузук

kaulakoru

мунчоқ

sormus

узук

korvakoru

сирға

lippalakki

кепка

ripustin

пальто илгак

hattu

шляпа

solmio

бўйинбоғ

vetoketju

замок

kypärä

дубулға

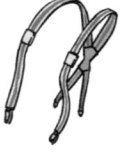

henkselit

шим тортгич

koulupuku

мактаб формаси

univormu

форма

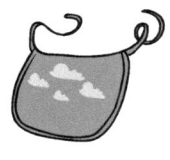

ruokalappu

ошхўрак

tutti

сўрғич

vaippa

таглик

toimisto

идора

palvelin
сервер
asiakirjakaappi
қоғоз-ҳужжатлар шкафи
tulostin
принтер
paperi
қоғоз
näyttö
экран
hiiri
сичқонча
kirjoituspöytä
иш столи
kansio
папка
näppäimistö
клавиатура
roskakori
урна
tietokone
компьютер
tuoli
стул

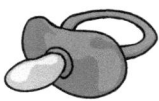

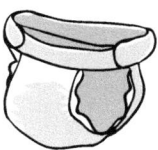

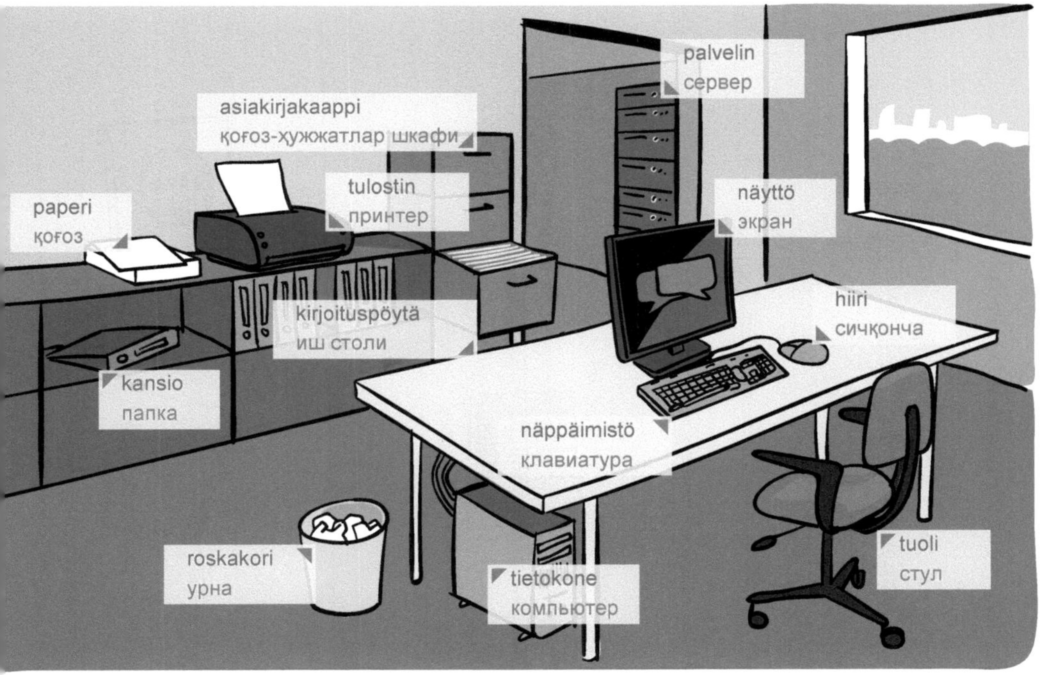

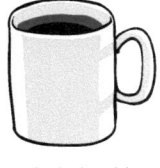

kahvimuki

кофе кружкаси

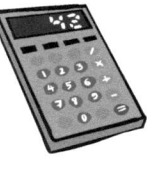

taskulaskin

калькулятор

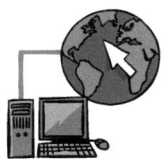

internet

интернет

kannettava tietokone

ноутбук

kirje

хат

viesti

мактуб

kännykkä

уяли телефон

verkko

тармоқ

kopiokone

нусха кўчиргич

ohjelmisto

дастур

puhelin

телефон

pistorasia

розетка

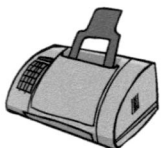

faksi

факс

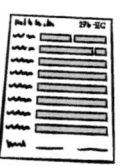

lomake

шакллар

asiakirja

хужжат

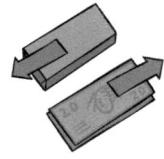

ostaa

харид қилмоқ

maksaa

тўламоқ

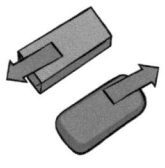

vaihtaa

савдолашмоқ

raha

пул

dollari

доллар

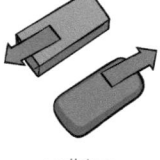

euro

евро

jeni

йен

rupla

рубль

frangi

швейцар франки

renminbi juan

Хэньминьби хитой юани

rupia

рупи

pankkiautomaatti

банкомат

rahanvaihto

пул айирбошлаш шаҳобчаси

kulta

олтин

hopea

кумуш

öljy

нефт

energia

энергия

hinta

нарх

sopimus

шартнома

vero

солиқ

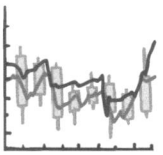

osake

акция

työskennellä

ишламоқ

työntekijä

ишчи

työnantaja

иш берувчи

tehdas

завод

liike

дўкон

ammatit
касблар

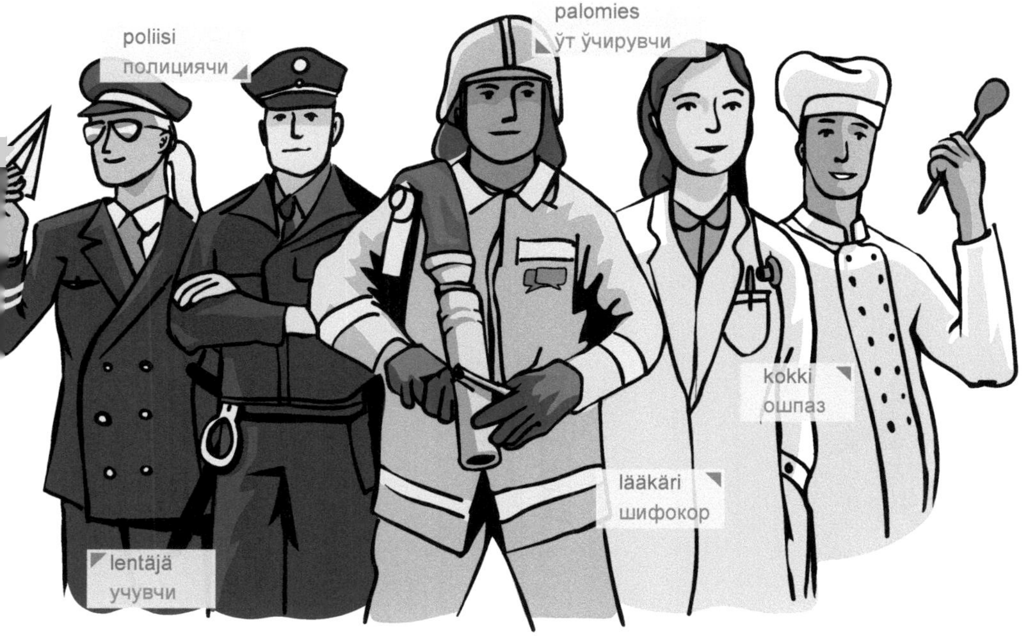
palomies
ўт ўчирувчи
poliisi
полициячи
kokki
ошпаз
lääkäri
шифокор
lentäjä
учувчи

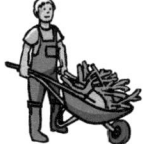

puutarhuri

боғбон

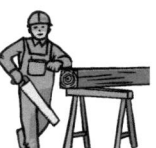

puuseppä

дурадгор

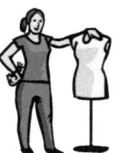

ompelija

тикувчи

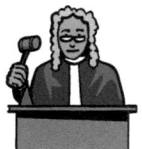

tuomari

ҳакам

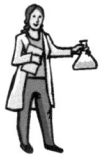

kemisti

кимёгар

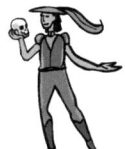

näyttelijä

актёр

linja-autonkuljettaja

автобус ҳайдовчиси

taksinkuljettaja

такси ҳайдовчи

kalastaja

балиқчи

siivooja

фаррош

katontekijä

том устаси

tarjoilija

официант

metsästäjä

овчи

maalari

бўёқчи

leipuri

нонвой

sähköasentaja

электр устаси

rakentaja

қурувчи

insinööri

муҳандис

teurastaja

қассоб

putkiasentaja

сувчи чилангар

postinjakaja

почтачи

sotilas

аскар

arkkitehti

меъмор

kassanhoitaja

ғазначи

floristi

гулчи

kampaaja

сартарош

konduktööri

чиптачи

mekaanikko

механик

kapteeni

капитан

hammaslääkäri

тиш шифокори

tiedemies

олим

rabbi

яхудийлар руҳонийси

imaami

имом

munkki

роҳиб

pappi

руҳоний

työkalut
асбоблар

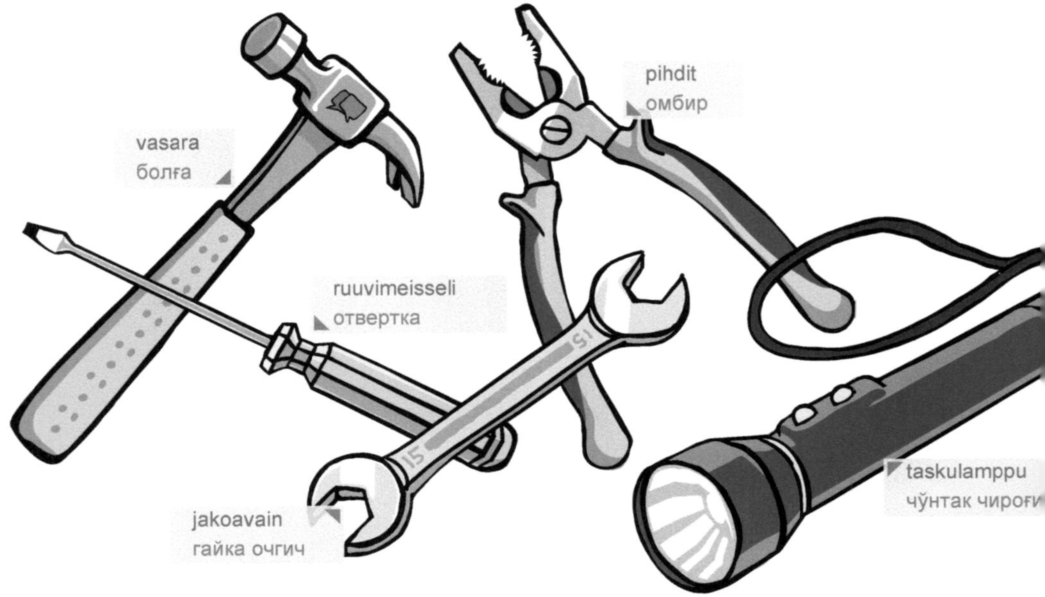
pihdit
омбир
vasara
болға
ruuvimeisseli
отвертка
jakoavain
гайка очгич
taskulamppu
чўнтак чироғи

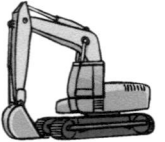

kaivinkone

экскаватор

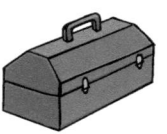

työkalupakki

асбоблар қутиси

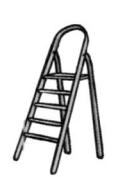

tikkaat

нарвон

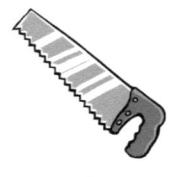

saha

қўларра

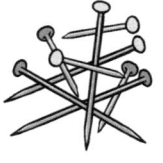

naulat

мих

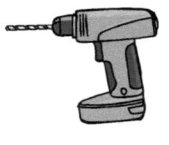

pora

пармадаста

korjata

тузатмоқ

lapio

белкурак

Hitto!

Жин урсин!

rikkalapio

хокандоз

maalipurkki

бўёқ идиш

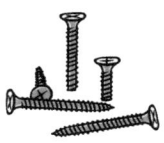

ruuvit

бурама мих

soittimet

мусиқа асбоблари

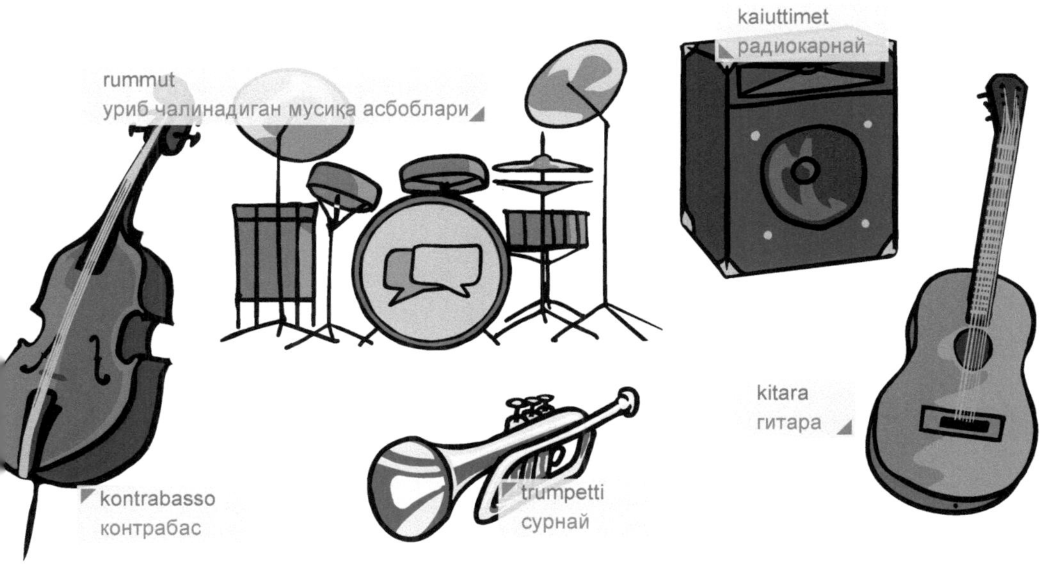

kaiuttimet
радиокарнай

rummut
уриб чалинадиган мусиқа асбоблари

kitara
гитара

kontrabasso
контрабас

trumpetti
сурнай

piano

пианино

viulu

ғижжак

basso

бас-гитара

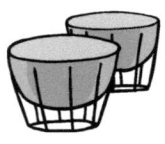

patarummut

қўшноғора

rumpu

дўмбира

kosketinsoitin

клавиатура

saksofoni

саксофон

huilu

най

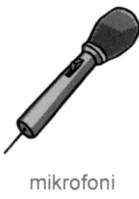

mikrofoni

микрофон

eläintarha

ҳайвонот боғи

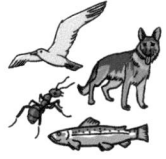

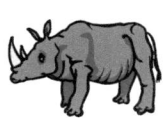

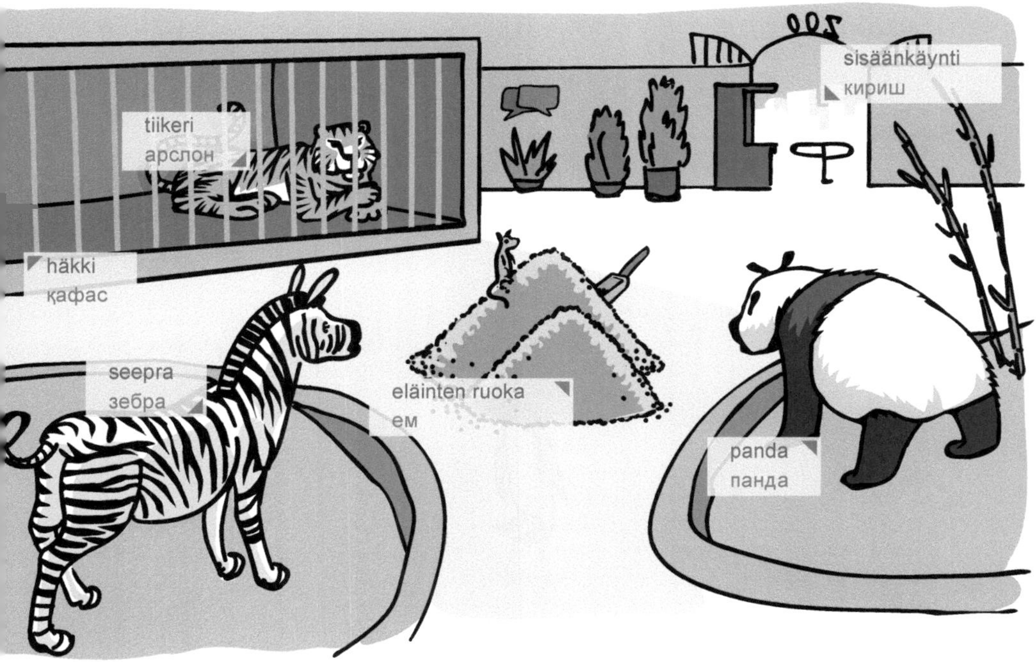

tiikeri
арслон
sisäänkäynti
кириш
häkki
қафас
seepra
зебра
eläinten ruoka
ем
panda
панда

eläimet

ҳайвонлар

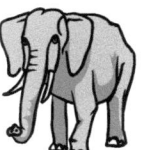

norsu

фил

kenguru

кенгуру

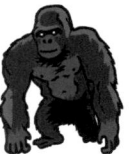

sarvikuono

каркидон

gorilla

горилла

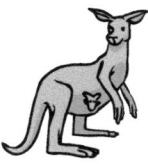

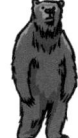

karhu

айиқ

kameli

туя

strutsi

туяқуш

leijona

шер

apina

маймун

flamingo

фламинго

papukaija

тӯти

jääkarhu

оқ айиқ

pingviini

пингвин

hai

акула

riikinkukko

товус

käärme

илон

krokotiili

тимсоҳ

eläintarhanhoitaja

ҳайвонот боғи қоровули

hylje

тюлень

jaguaari

ягуар

poni

тӯпичоқ от

leopardi

қоплон

virtahepo

бегемот

kirahvi

жирафа

kotka

бургут

villisika

эркак чӯчқа

kala

балиқ

kilpikonna

тошбақа

mursu

морж

kettu

тулки

gaselli

оҳу

amerikkalainen jalkapallo
америка футболи

pyöräily
велосипед ҳайдаш

tennis
теннис

koripallo
баскетбол

uinti
сузиш

nyrkkeily
бокс

jääkiekko
муз хоккейи

jalkapallo
....
футбол

sulkapallo
....
бадминтон

yleisurheilu
....
енгил атлетика

käsipallo
....
қўлтўпи

hiihto
....
чанғи учиш

poolo
....
поло

hypätä
сакрамоқ

nauraa
кулмоқ

halata
қучмоқ

kävellä
юрмоқ

laulaa
куйламоқ

unelmoida
ҳаёл қилмоқ

rukoilla
ибодат қилмоқ

suudella
ўпмоқ

kirjoittaa
ёзмоқ

piirtää
чизмоқ

näyttää
кўрсатмоқ

painaa
итармоқ

antaa
бермоқ

ottaa
олмоқ

omistaa

эга бўлмоқ

tehdä

бажармоқ

olla

бўлмоқ

seisoa

турмоқ

juosta

югурмоқ

vetää

тортмоқ

heittää

улоқтирмоқ

kaatua

йиқилмоқ

maata

алдамоқ

odottaa

кутмоқ

kantaa

ташимоқ

istua

ўтирмоқ

pukeutua

кийинмоқ

nukkua

ухламоқ

herätä

уйғонмоқ

katsoa

қарамоқ

itkeä

йиғламоқ

silittää

зарба бермоқ

kammata

тарамоқ

puhua

гаплашмоқ

ymmärtää

тушунмоқ

kysyä

сўрамоқ

kuunnella

тингламоқ

juoda

ичмоқ

syödä

емоқ

siivota

йиғиштирмоқ

rakastaa

севмоқ

keittää

пиширмоқ

ajaa

ҳайдамоқ

lentää

учмоқ

purjehtia

кемада сузмоқ

laskea

ҳисобламоқ

lukea

ўқимоқ

oppia

ўрганмоқ

työskennellä

ишламоқ

mennä naimisiin

турмуш қурмоқ

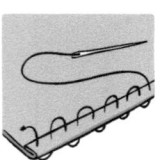

ommella

тикмоқ

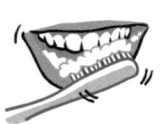

pestä hampaat

тиш ювмоқ

tappaa

ўлдирмоқ

tupakoida

чекмоқ

lähettää

йўлламоқ

perhe

оила

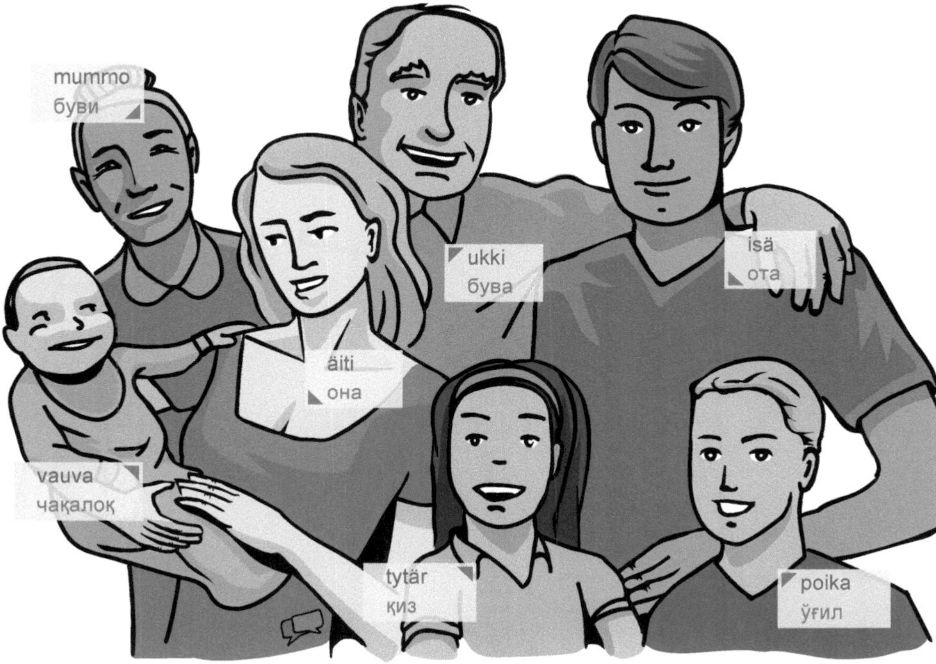
mummo
буви
ukki
бува
isä
ота
äiti
она
vauva
чақалоқ
tytär
қиз
poika
ўғил

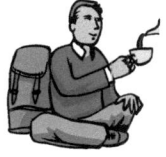

vieras

мехмон

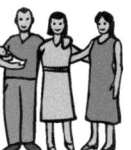

täti

амма

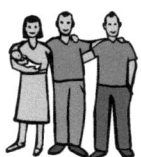

setä

тоға

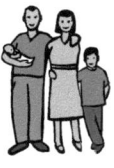

veli

ака

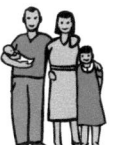

sisko

опа

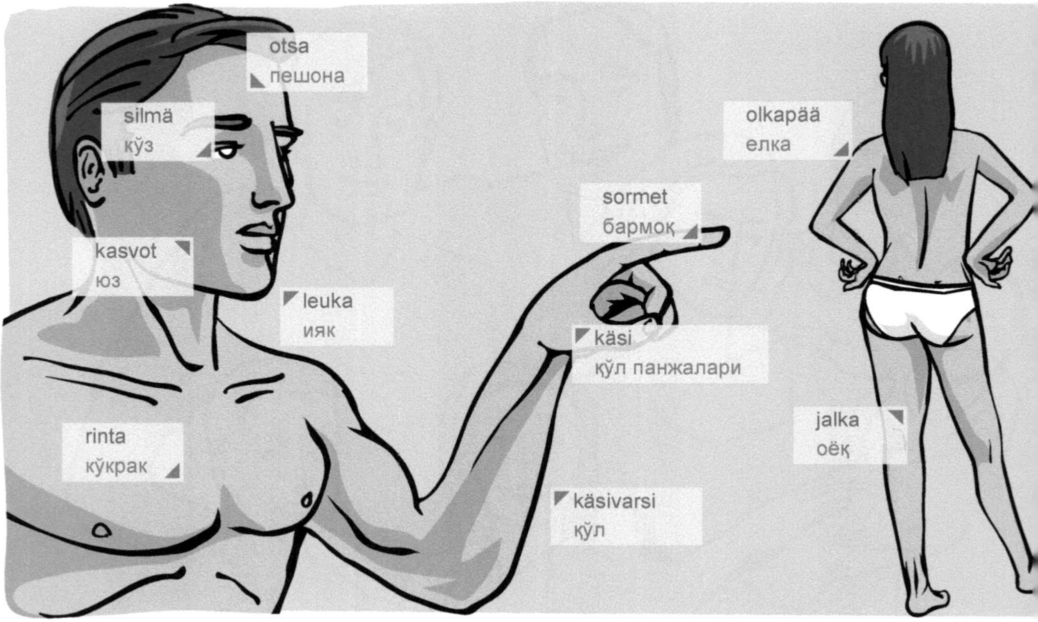

otsa
пешона

silmä
кўз

olkapää
елка

sormet
бармоқ

kasvot
юз

leuka
ияк

käsi
қўл панжалари

rinta
кўкрак

jalka
оёқ

käsivarsi
қўл

vauva

чақалоқ

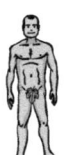

mies

одам

nainen

аёл

tyttö

қиз бола

poika

ўғил бола

pää

бош

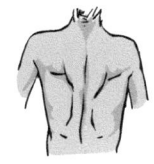

selkä

орқа

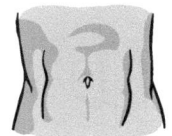

maha

қорин

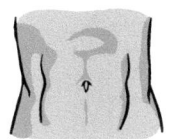

napa

киндик

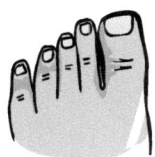

varvas

оёқ панжаси

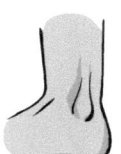

kantapää

товон

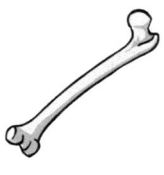

luu

суяк

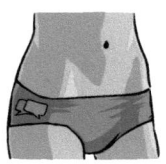

lantio

бел

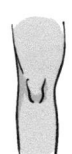

polvi

тизза

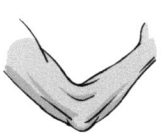

kyynärpää

тирсак

nenä

бурун

takapuoli

думба

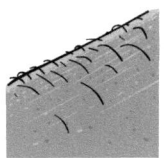

iho

тери

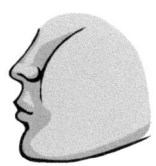

poski

яноқ

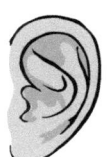

korva

қулоқ

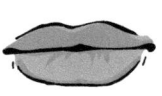

huuli

лаб

suu

оғиз

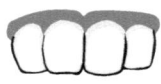

hammas

тиш

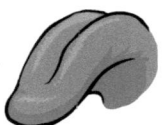

kieli

тил

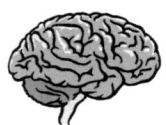

aivot

мия

sydän

юрак

lihas

мушак

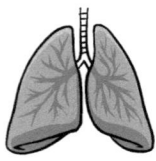

keuhkot

ўпка

maksa

жигар

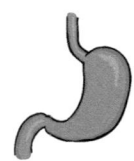

vatsa

ошқозон

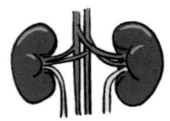

munuaiset

буйрак

seksi

жинсий алоқа

kondomi

презерватив

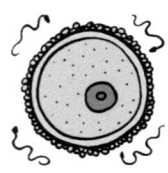

munasolu

тухум ҳўжайра

sperma

уруғ

raskaus

ҳомиладорлик

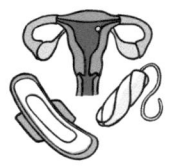

kuukautiset

ҳайз

vagina

бачадон

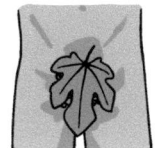

penis

олат

kulmakarvat

қош

hiukset

соч

niska

бўйин

sairaala

шифохона

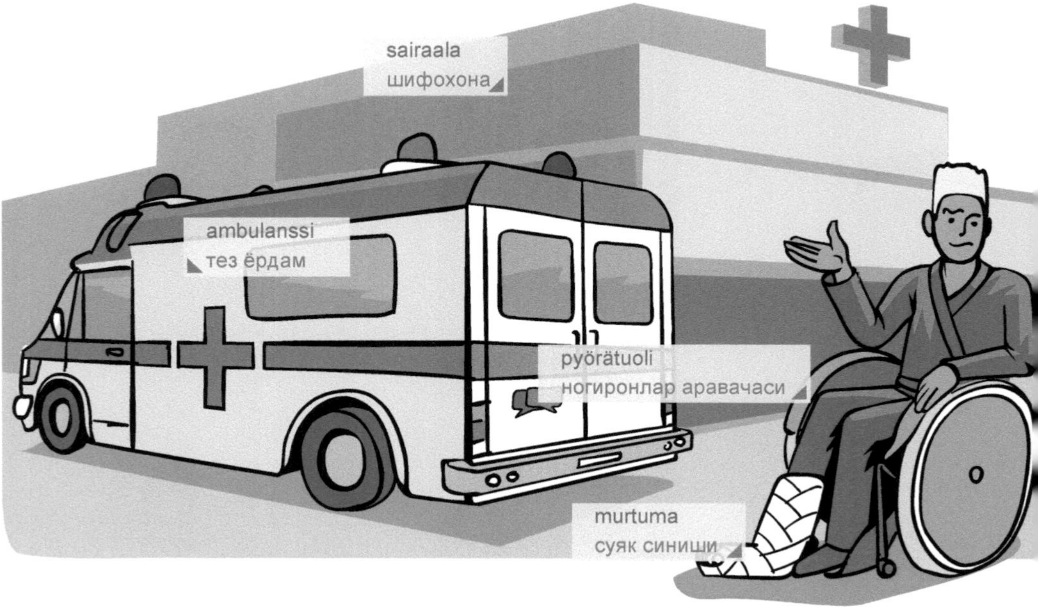

sairaala
шифохона
ambulanssi
тез ёрдам
pyörätuoli
ногиронлар аравачаси
murtuma
суяк синиши

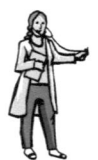

lääkäri

шифокор

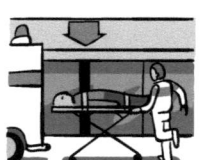

ensiapu

Шошилинч тиббий ёрдам кўрсатиш бўлими

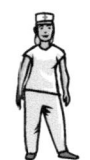

sairaanhoitaja

ҳамшира

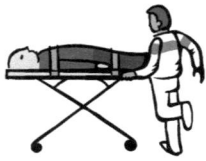

hätätilanne

тез ёрдам

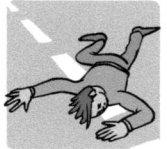

tajuton

ҳушсизлик

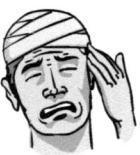

kipu

оғриқ

vamma

жароҳат

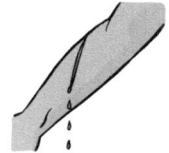

verenvuoto

қонаш

sydänkohtaus

юрак хуружи

aivoinfarkti

инсульт

allergia

аллергия

yskä

йўтал

kuume

иситма

flunssa

тумов

ripuli

ич кетиш

päänsärky

бош оғриғи

syöpä

саратон касали

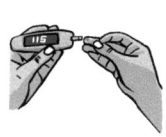

diabetes

қандли диабет

kirurgi

жарроҳ

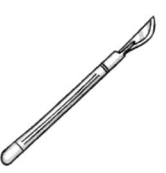

veitsi

жарроҳ пичоғи

leikkaus

жарроҳлик амалиёти

ct
томография

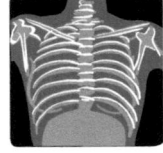

röntgen
рентген

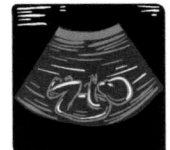

ultraääni
ултратовуш текшируви

maski
юз ниқоби

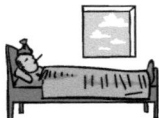

sairaus
касаллик

odotushuone
қабулхона

sauva
қўлтиқтаёқ

laastari
малҳамли пластир

side
бинт

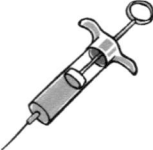

pistos
укол

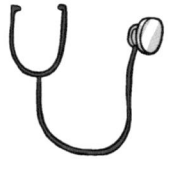

stetoskooppi
юрак урушини ва ўпкани
эшитиб кўрадиган асбоб

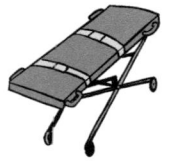

paarit
беморлар учун замбил

kuumemittari
термометр

syntymä
туғруқ

ylipaino
семизлик

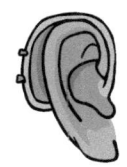

kuulolaite

эшитиш мосламаси

desinfiointiaine

дезинфекцияловчи восита

infektio

инфекция

virus

вирус

HIV / AIDS

ОИВ / ОИТС

lääke

дори

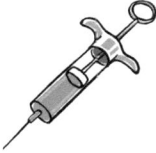

rokotus

эмлаш

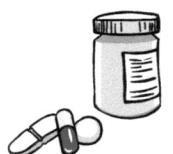

tabletit

таблетка

pilleri

дори

hätäpuhelu

тез ёрдам қўнғироғи

verenpainemittari

қон босимини ўлчаш
асбоби

sairas / terve

касал / соғлом

Apua!

Ёрдам беринглар!

hälytys

хавф-хатар ишораси

ryöstö

тажовуз

hyökkäys

ҳужум

vaara

хавф

hätäuloskäynti

фавқулодда ҳолатларда чиқиш эшиги

Tulipalo!

Ёнғин!

palosammutin

ўт ўчиргич

onnettomuus

фалокат

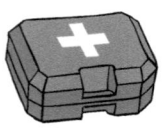

ensiapulaukku

биринчи тиббий ёрдам тўплами

SOS

фалокат сигнали

poliisilaitos

полиция

Euroopta

Европа

Pohjois-Amerikka

Шимолий Америка

Etelä-Amerikka

Жанубий Америка

Afrikka

Африка

Aasia

Осиё

Australia

Австралия

Atlantin valtameri

Атлантик океани

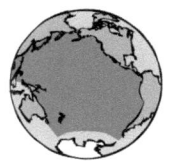

Tyynimeri

Тинч океани

Intian valtameri

Ҳинд океани

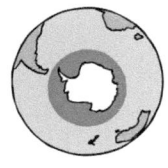

Eteläinen jäämeri

Антарктида океани

Pohjoinen jäämeri

Арктика океани

pohjoisnapa

Шимолий қутб

etelänapa

Жанубий қутб

Antarktis

Антарктика

maa

Ер

maa

ўлка

meri

денгиз

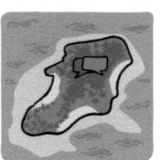

saari

орол

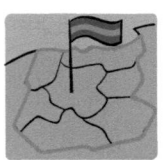

kansa

миллат

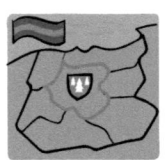

osavaltio

давлат

kellotaulu

астрономик вақт
кўрсатгичи

tuntiviisari

соат мили

minuuttiviisari

дақиқа мили

sekuntiviisari

сония мили

Paljonko kello on?

Соат неча?

päivä

кун

aika

вақт

nyt

ҳозир

digitaalikello

рақамли соат

minuutti

дақиқа

tunti

соат

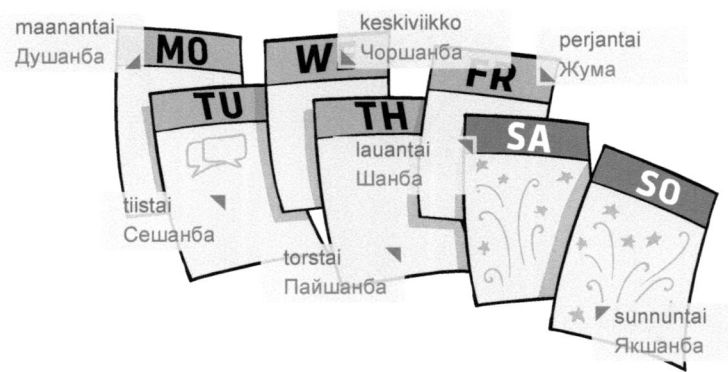

maanantai
Душанба

keskiviikko
Чоршанба

perjantai
Жума

tiistai
Сешанба

torstai
Пайшанба

lauantai
Шанба

sunnuntai
Якшанба

eilen

кеча

tänään

бугун

huomenna

эртага

aamu

эрталаб

keskipäivä

пешин

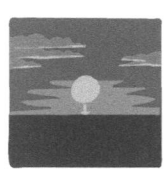

ilta

кечқурун

MO	TU	WE	TH	FR	SA	SU
1	2	3	4	5	6	7
8	9	10	11	12	13	14
15	16	17	18	19	20	21
22	23	24	25	26	27	28
29	30	31	1	2	3	4

työpäivät

иш кунлари

MO	TU	WE	TH	FR	SA	SU
1	2	3	4	5	6	7
8	9	10	11	12	13	14
15	16	17	18	19	20	21
22	23	24	25	26	27	28
29	30	31	1	2	3	4

viikonloppu

дам олиш кунлари

vuosi

йил

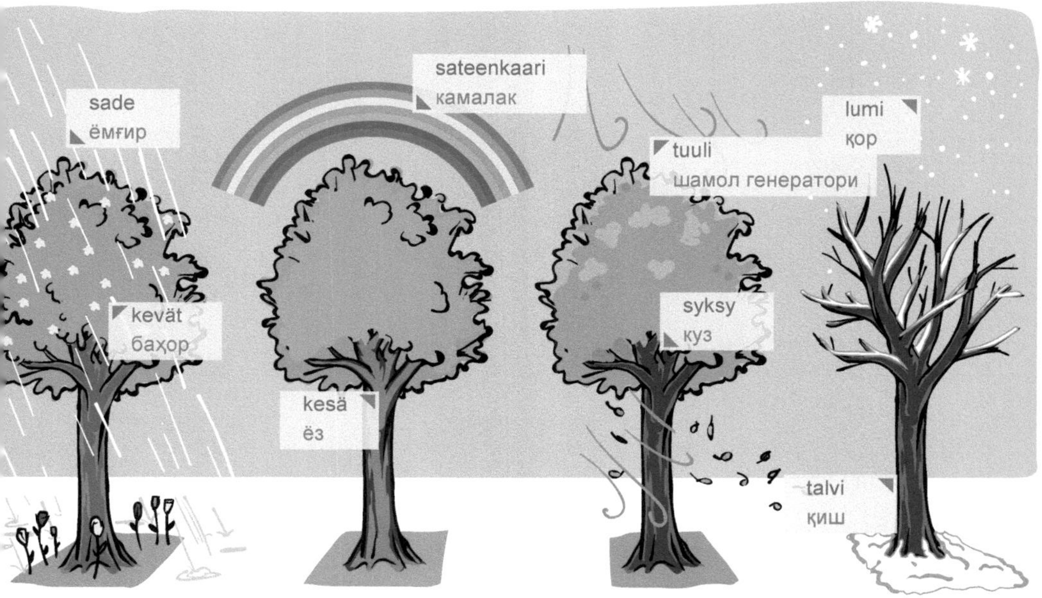

sade
ёмғир
sateenkaari
камалак
lumi
қор
tuuli
шамол генератори
kevät
баҳор
syksy
куз
kesä
ёз
talvi
қиш

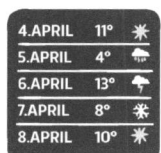

4.APRIL 11°
5.APRIL 4°
6.APRIL 13°
7.APRIL 8°
8.APRIL 10°

säänennuste

об-ҳаво маълумоти

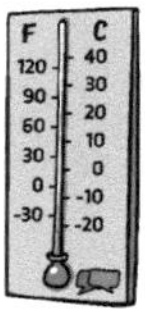

F C
120 90 60 30 0 -30
40 30 20 10 0 -10 -20

lämpömittari

термометр

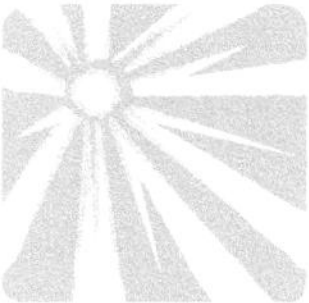

auringonpaiste

қуёшли

pilvi

булут

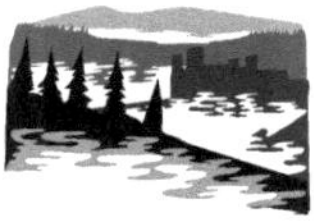

sumu

туман

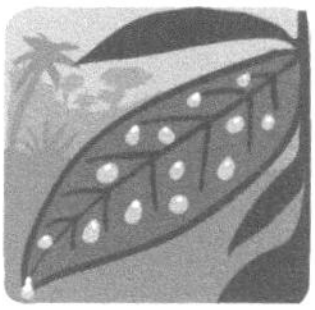

ilmankosteus

намгарчилик

salama

чақмоқ

ukkonen

момоқалдироқ

myrsky

бўрон

rae

дўл

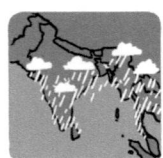

monsuuni

намгарчилик мавсуми

tulva

тошқин

jää

муз

tammikuu

Январь

helmikuu

Февраль

maaliskuu

Март

huhtikuu

Апрель

toukokuu

Май

kesäkuu

Июнь

heinäkuu

Июль

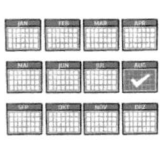

elokuu

Август

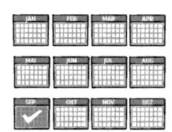

syyskuu
....
Сентябрь

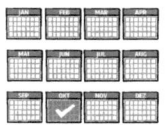

lokakuu
....
Октябрь

marraskuu
....
Ноябрь

joulukuu
....
Декабрь

muodot
шакллар

ympyrä
....
айлана

neliö
....
квадрат

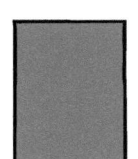

suorakulmio
....
тўртбурчак

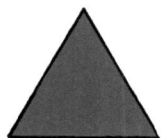

kolmio
....
учбурчак

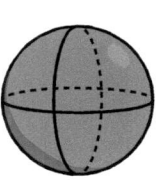

pallo
....
доира

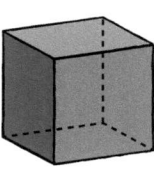

kuutio
....
куб

valkoinen

оқ

keltainen

сариқ

oranssi

сабзи ранг

vaaleanpunainen

пушти

punainen

қизил

violetti

тўқ қизил

sininen

кўк

vihreä

яшил

ruskea

жигар ранг

harmaa

кул ранг

musta

қора

paljon / vähän

кўп / оз

vihainen / ystävällinen

ғазабли / хотиржам

kaunis / ruma

гўзал / хунук

alku / loppu

боши / охири

suuri / pieni

катта / кичик

vaalea / tumma

ёруғ / қоронғу

veli / sisko

ака / сингил

puhdas / likainen

тоза / ифлос

täydellinen / epätäydellinen

тўлиқ / чала

päivä / yö

кун / тун

kuollut / elävä

ўлик / тирик

leveä / kapea

кенг / тор

syötävä / syömäkelvoton

eca бўладиган / eca
бўлмайдиган

paha / kiltti

ёвуз / хайрли

innostunut / tylsistynyt

ҳаяжонли / зерикарли

lihava / laiha

семиз / озғин

ensimmäinen / viimeinen

биринчи / охирги

ystävä / vihollinen

дўст / душман

täysi / tyhjä

тўла / бўш

kova / pehmeä

қаттиқ / юмшоқ

painava / kevyt

оғир / енгил

nälkä / jano

очлик / чанқов

sairas / terve

касал / соғлом

laiton / laillinen

ноқонуний / қонуний

älykäs / tyhmä

зиёли / калтафаҳм

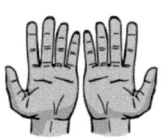

vasen / oikea

чап / ўнг

lähellä / kaukana

яқин / узоқ

uusi / käytetty

янги / ишлатилган

ei mitään / jotain

ҳеч нарса / бир нарса

vanha / nuori

қари / ёш

päällä / pois päältä

ёниқ / ўчиқ

auki / kiinni

очиқ / ёпиқ

hiljainen / äänekäs

паст / баланд

rikas / köyhä

бой / камбағал

oikein / väärin

тўғри / нотўғри

karhea / sileä

нотекис / текис

surullinen / iloinen

хафа / хурсанд

lyhyt / pitkä

қисқа / узун

hidas / nopea

секин / тез

märkä / kuiva

нам / қуруқ

lämmin / viileä

илиқ / салқин

sota / rauha

уруш / тинчлик

0

nolla

ноль

1

yksi

бир

2

kaksi

икки

3

kolme

уч

4

neljä

тӯрт

5

viisi

беш

6

kuusi

олти

7

seitsemän

етти

8

kahdeksan

саккиз

9

yhdeksän

тӯққиз

10

kymmenen

ӯн

11

yksitoista

ӯн бир

12

kaksitoista

ỹн икки

13

kolmetoista

ỹн уч

14

neljätoista

ỹн тỹрт

15

viisitoista

ỹн беш

16

kuusitoista

ỹн олти

17

seitsemäntoista

ỹн етти

18

kahdeksantoista

ỹн саккиз

19

yhdeksäntoista

ỹн тỹққиз

20

kaksikymmentä

йигирма

100

sata

юз

1.000

tuhat

минг

1.000.000

miljoona

миллион

englanti

Инглиз

amerikanenglanti

Америкача инглиз тили

mandariinikiina

Хитой тилининг Мандарин лаҳчаси

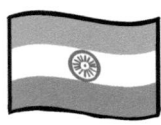

hindi

Ҳинд

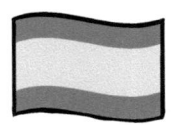

espanja

Испан

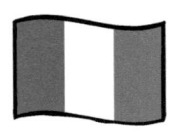

ranska

Француз

arabia

Араб

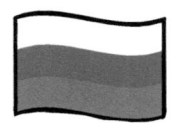

venäjä

Рус

portugali

Португал

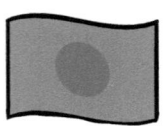

bengali

Бенгал

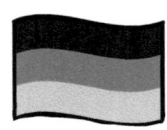

saksa

Немис

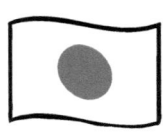

japani

Япон

minä

Мен

sinä

Сен

hän

у / у / у

me

биз

te

сизлар

he

улар

kuka?

ким?

mitä / mikä?

нима?

miten?

қандай?

missä?

қаерда?

milloin?

қачон?

nimi

исм

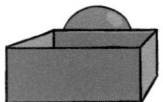

takana

орқада

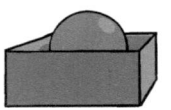

sisällä

ичида

edessä

олдида

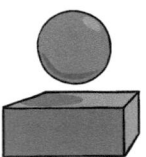

yläpuolella

узра

päällä

устида

alapuolella

тагида

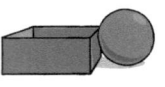

vieressä

ёнида

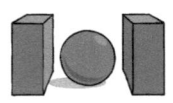

välissä

ўртасида

paikka

жой